Esto es
Buenos Aires

Esto es Buenos Aires
Copyright © 2007
de Dios Editores
Buenos Aires / Argentina

Concepto: Julián de Dios.
Edición y textos: Guillermina Gómez Romero
Investigación periodística: Gabriel Magda y Soledad Acuña
Diagramación: Micaela Frei
Tratamiento Digital de imágenes: Francisco Quesada
Asesoría Legal: Ignacio de las Carreras / www.demarcas.com

de Dios Editores
info@dediosonline.com
www.dediosonline.com

Esto es Buenos Aires.
ISBN 10: 987-9445-49-X
ISBN 13: 978-987-9445-49-5
Primera Edición revisada y actualizada. Julio de 2007
Impreso en Buenos Aires - Argentina
Se imprimieron 3.000 copias, en Cogtal.
Mapa de Buenos Aires, reproducido del Mapa Guía de Buenos Aires,
editado por de Dios Editores.

Ventas especiales: Para copias especiales, traducciones, compras
corporativas o licencias, contactarse con: cdelia@dediosonline.com

Derechos reservados: Queda hecho el depósito que marca la ley 11.723.
Dirección Nacional del Derecho de Autor, número de expediente 450319.
Se prohibe la reproducción total o parcial del material contenido en esta
publicación. El editor no se responsabiliza por errores u omisiones de
información, ni de sus consecuencias.

Fotografías: Julián de Dios

Otros créditos fotográficos:
Julia de Dios: 51a.
Eduardo Longoni: 11a.
Guillermina Gómez Romero: 36a, 36b, 84a, 84b, 84c, 85a, 85b, 85c, 88f, 91d, 93e.
Maximiliano Vaccaro: 46b.
Melito Cerezo / Asociación Argentina de Polo: 87a.
Subsecretaría de Turismo de la Ciudad Autónoma de Buenos Aires:
3a, 10a, 10b, 12a, 12b, 20a, 24a, 45b, 48a, 48c, 49a, 52a, 54b, 73a, 74c, 80a, 81a. Fotos cedidas por la Subsecretaría de Turismo de la Ciudad de Buenos Aires - www.bue.gov.ar
Gentileza Revista Gente, Editorial Atlántida: 4c.
Teatro Colón: 53a, 53b, 53c.
Archivo Histórico de la Nación: 4a.
Museo Eva Perón: 4b, 71a, 71b, 71c.
Casino de Buenos Aires: 21b.
Esquina Carlos Gardel: 48b.

de Dios, Julián
Esto es Buenos Aires - 1a ed. - Buenos Aires : De Dios Editores, 2005.
96 p. ; 26x20 cm.
ISBN 987-9445-49-X
1. Turismo-Buenos Aires. I. Título   CDD 338.479 109 821 1

Avenida 9 de Julio. Coronada por el obelisco, "la 9 de Julio" es famosa por ser la avenida más ancha del mundo.

Buenos Aires en pocas palabras

Con una superficie de 202 kilómetros cuadrados Buenos Aires, la capital de la República Argentina, es la ciudad más grande del país y una de las más importantes de América del Sur. Está delimitada por el Río de la Plata, al este, el Riachuelo, al sur y la Avenida Circunvalación General Paz, al norte y al oeste. Su población ronda los 3 millones de habitantes, en el área metropolitana, y 10 millones si se tiene en cuenta el Gran Buenos Aires, número que la convierte en una de las 10 urbes más pobladas del planeta.

"La Reina del Plata" se ganó su apodo gracias a la diversidad cultural que le transmitieron los inmigrantes que llegaron entre fines de siglo XIX y comienzos del siglo XX: miles de italianos, españoles, franceses e ingleses, entre otras nacionalidades, que escapando de las guerras y las crisis encontraron refugio en estas tierras. Entonces Buenos Aires era la puerta de entrada para esos buques cargados de esperanza. El resultado fue la ciudad más europea de Latinoamérica, una combinación de edificios italianos, parques franceses, y casonas españolas, que junto a la magia del tango convirtieron a Buenos Aires en una de las metrópolis más sofisticadas del mundo. Desde la elegancia del barrio de la Recoleta y Plaza San Martín, con sus edificios franceses, hasta el pintoresco barrio de La Boca, pasando por el centro histórico, con la Plaza de Mayo, rodeada por la Catedral, el Cabildo y la Casa de Gobierno, entre otros antiguos edificios. No hay que olvidarse de Palermo, con todas sus facetas: desde los tradicionales bosques y jardines zoológico y botánico, que conforman el pulmón verde de la ciudad, hasta Palermo Viejo, el barrio que caminó Jorge Luis Borges y que hoy es el distrito de tendencia, conocido como Palermo Soho y Palermo Hollywood. Sobre las aguas del río se recuesta Puerto Madero, con hoteles y edificios de vanguardia que comparten espacio con los antiguos docks de ladrillo rojo. Aquí se alojan restaurantes, locales y oficinas.

Todo esto es Buenos Aires, una ciudad para recorrer y conocer paso a paso.

Historia

Buenos Aires estaba habitada por los indios querandíes cuando, en 1536, el adelantado español **Pedro de Mendoza** la fundó bajo el nombre de Ciudad de Nuestra Señora del Buen Ayre.

La hostilidad de los aborígenes corrió a los españoles, quienes debieron regresar 50 años más tarde para realizar la fundación definitiva. **Juan de Garay** fundó, en 1580, el segundo asentamiento, bautizándolo Santísima Trinidad y Puerto Santa María de los Buenos Aires.

El poblado comenzó a crecer lentamente, alrededor de la Plaza Mayor, rodeado por la espesura de un campo que se vislumbraba infinito. Recién a mediados del siglo XVIII la ciudad contaba con 20 mil almas. A fines del mismo siglo se convirtió en la cabecera del Virreinato del Río de la Plata, conformado por Argentina, Bolivia, Paraguay y Uruguay. **Los primeros barrios en poblarse fueron San Telmo y Monserrat, ambos recostados sobre el Río de la Plata.** En esta zona de la ciudad, el visitante puede conocer las huellas de los orígenes de la ciudad, como el Parque Lezama, o la Manzana de las Luces.

En 1806 y en 1807, Buenos Aires sufrió la invasión de las tropas inglesas, pero fueron expulsadas por una incipiente milicia popular. Este acto de heroísmo motivó a los habitantes y **el 25 de mayo de 1810 se realizó un Cabildo Abierto** que destituyó al Virrey Cisneros y nombró una Junta encabezada por Cornelio Saavedra.

En 1824, Bernardino Rivadavia fue nombrado Presidente de la Nación de la República Argentina y, en 1853, se proclamó la Constitución Nacional, sentando las bases de la Argentina actual.

En el siglo XIX, el puerto de Buenos Aires fue el punto de llegada de la gran corriente inmigratoria promovida por el Estado Argentino para poblar la Nación.

La población creció de 90 mil personas, en 1854, a 670 mil en 1895. A comienzos del siglo XX ya era la ciudad más poblada de toda América Latina, con más de un millón de habitantes. Desde entonces, conserva ese espíritu abierto que la convirtió en una de las metrópolis más importantes del mundo. Con una personalidad única, donde conviven la pasión por el tango, la picardía del fútbol, la elegancia de la arquitectura francesa, los sabores italianos, las tradiciones españolas... y más, mucho, mucho más.

Imágenes históricas. El Graf Zeppelin sobrevolando la ciudad, una marcha en la Plaza de Mayo y J. L. Borges en San Telmo.

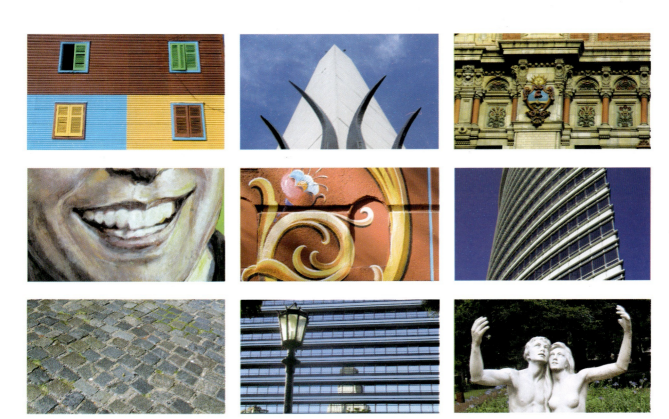

Guiños porteños. *Los colores de La Boca, el obelisco desde una extraña perspectiva, los adoquines, la sonrisa de Gardel...*

Descripción

La **Virgen del Buen Ayre** es la Patrona de los navegantes y, por eso, tanto Pedro de Mendoza como Juan de Garay le dieron su nombre a nuestra ciudad. La capital argentina está conformada por 47 barrios y se caracteriza por su autonomía de los gobiernos nacional y provincial, bajo la tutela del Jefe de Gobierno de la Ciudad de Buenos Aires.

A primera vista, la **"Reina del Plata"** intimida al visitante más experimentado: el ancho de la Avenida 9 de Julio, la conglomeración de edificios, las calles superpobladas de vehículos... Sin embargo, a medida que uno la va conociendo se va enamorando de ella. Tiene un trazado sencillo, sus calles y avenidas corren de este a oeste y de norte a sur. El punto neurálgico está en el Monumento al Cid Campeador, donde comienza el barrio de Caballito.

En medios de transporte, la ciudad cuenta con cinco líneas de subtes que convergen en el microcentro porteño y se alejan hacia los distintos barrios. Más de 140 líneas de autobuses colectivos llevan a los pasajeros a los lugares más remotos de la ciudad e inclusive al Gran Buenos Aires. Además circulan 39 mil taxis, convirtiéndola en una de las ciudades con mayor porcentaje de taxis por habitante.

Con respecto al clima, la temperatura media anual es de 18° centígrados. Las mejores temporadas para visitarla son el otoño y la primavera, con temperaturas medias que permiten recorrerla a pie. El invierno, sobretodo en julio y agosto, es de intenso frío, mientras que enero y febrero son meses calurosos, ideales para conocer el Buenos Aires nocturno, con mesitas en la vereda y conversaciones de amigos acompañados por una cerveza.

Las numerosas nacionalidades que habitan la ciudad han contribuido a un amplio espectro en materia de oferta gastronómica: hay restaurantes de las más variadas especialidades, aunque la mayoría de los visitantes llegan en busca del tradicional asado criollo, que se puede comer muy bien en diferentes parrillas de la ciudad. La oferta cultural porteña es otra de las características de esta metrópoli. Buenos Aires cuenta con afamados museos, centros culturales, galerías de arte, además de una nutrida agenda de espectáculos teatrales en las principales salas de la Avenida Corrientes y también en el circuito "off Corrientes", diseminado por diferentes barrios de la ciudad.

Puente Presidente Avellaneda. Inaugurado en 1908, funcionó como transbordador. Hoy es el símbolo de la Vuelta de Rocha.

República de la Boca. En el siglo XIX un grupo de inmigrantes genoveses intentó formar la República independiente de La Boca.

Barrio de La Boca

La Boca fue tradicionalmente un barrio de inmigrantes italianos, según lo acreditan las numerosas cantinas, que ofrecen platos típicos de la península y que vale la pena probar. La peatonal **Caminito** es quizás la postal más conocida de Buenos Aires: un paseo para disfrutar de espectáculos espontáneos y artesanías variadas entre casas de chapas de todos colores, acordes de tango y artistas callejeros que muestran sus habilidades. El barrio también tiene una interesante propuesta cultural, comenzando por el **Museo de Bellas Artes de La Boca**, creado a partir de la donación de Benito Quinquela Martín de su propia vivienda, quien supo plasmar como nadie la actividad portuaria de antaño. La **Fundación Proa**, organiza exposiciones de artistas contemporáneos de vanguardia y tiene una terraza sobre el río que invita a ser testigos del atardecer. Otro atractivo es el antiguo **puente transbordador Presidente Avellaneda**, que data de 1908. A su lado descansa el nuevo puente, de 1940. Una visita al barrio no estaría completa sin visitar el **Club Atlético Boca Juniors**, donde jugó Diego Maradona. Se puede ingresar al estadio, conocido como "La Bombonera", y al "Museo de la Pasión Boquense".

Caminito. Una de las postales más representativas de Buenos Aires. Un paseo obligado ideal para los fines de semana. Bordeada por casas pintadas de colores brillantes y poblada de artistas callejeros, fue escenario de gran parte de la historia del barrio.

Pintoresco. El Barrio de La Boca es un paseo divertido por naturaleza, desde las casas de chapa pintadas de colores vibrantes a las obras de los artesanos que se asoman en los balcones, las antiguas rejas de hierro, los personajes típicos…

Una pausa para disfrutar. Para apreciar el ritmo de Caminito nada mejor que sentarse a saborear un café o cerveza en algunos de los antiguos bares que bordean el Riachuelo y convertirse en testigo del movimiento del barrio.

Bombonera. Según la leyenda popular, Boca Juniors es el club preferido de la mitad más uno de los argentinos.

Monumental. Otro de los grandes clubes de la Liga Nacional. Junto a Boca Juniors disputan el partido más vibrante del campeonato de fútbol. Tiene un imponente estadio, llamado "el Monumental", en Nuñez, un barrio elegante de la ciudad.

Los hinchas. El amor por el club preferido se ve en la vestimenta, la cara, las banderas y también en los cánticos…

Boca vs. River: una pasión

El fútbol es el deporte más popular de la Argentina y el "clásico" entre Boca Juniors y River Plate es el duelo más importante del año. Según el diario inglés *The Guardian,* presenciar en "La Bombonera" el partido entre estos dos equipos es la experiencia deportiva más intensa del mundo.

Durante el encuentro, las hinchadas despliegan todo su colorido: camisetas, sombreros, banderas, maquillaje de todo tipo, bengalas… Afuera del estadio, la ciudad detiene su ritmo y la gente se reúne en casas de familia o en los cafés para ver el encuentro por televisión o escucharlo por la radio.

Todo porteño es hincha de un club, y es un amor que no se cambia pase lo que pase. La leyenda asegura que la mitad más uno de los argentinos son hinchas de Boca, club donde jugó con la camiseta número 10, Diego Maradona. Más allá de la estadística, Boca Juniors, River Plate, Independiente, Racing Club, San Lorenzo de Almagro y Vélez Sarsfield, son algunos de los clubes más populares de la Argentina.

Detalles. Una caminata por el distrito de San Telmo exige atención en los pequeños y grandes detalles para reconocer el espíritu de uno de los barrios más antiguos de Buenos Aires.

San Telmo

En San Telmo se respira historia. Es el barrio que muestra las raíces más profundas de Buenos Aires, hecho que se puede apreciar muy bien en su arquitectura de casas bajas, frentes angostos y rejas de hierro. Aquí está el **Parque Lezama,** donde se cree que fue fundada la ciudad, en 1536, y donde está también el **Museo Histórico Nacional**, con más de 40 mil piezas que relatan la historia del país, como el sable del General José de San Martín. Las raíces religiosas de la ciudad también se pueden palpar en este barrio, en la **Iglesia de San Ignacio**, la más antigua de Buenos Aires y la imponente **Basílica de Santo Domingo**, con el Mausoleo del Gral. Manuel Belgrano, entre otras. El encanto de la historia continúa con la **Manzana de las Luces**, una serie de construcciones de mediados del siglo XVII realizadas por los jesuitas y que incluyen túneles subterráneos.

Cerca del Parque Lezama está el **Museo de Arte Moderno**, un antiguo depósito de tabaco donde se exhibe una destacada colección de arte moderno, con obras de Picasso, Matisse, Berni y Pettoruti... San Telmo también cuenta con una abundante oferta gastronómica, desde bodegones de platos generosos y precios bajos, hasta destacadas parrillas, restaurantes de tendencia y numerosos bares con movida joven. Sin contar los históricos cafés cercanos a Plaza Dorrego, que son una parada obligada para cualquier visitante, y el distrito de tanguería de la calle Balcarce, con un amplio abanico de espectáculos de música y baile con cena incluida.

Feria de antigüedades de Plaza Dorrego. *Cada fin de semana, la antigua plaza se convierte en escenario de una feria apasionante, donde se pueden encontrar tesoros.*

Rincones con historia. San Telmo alberga algunos de los cafés históricos que se mantienen intactos desde hace décadas.

Tango. Los fines de semana, las milongas espontáneas son una tradición que se despliega paralela a la feria de antigüedades y tienen tanta convocatoria como la misma Plaza Dorrego.

Al ritmo del 2x4. Las calles cercanas a la Plaza Dorrego son otros de los escenarios elegidos por los grupos de tango.

Una postal de principios de siglo. Varias veces al año, en el distrito de San Telmo, se organizan desfiles de autos antiguos, que vuelven a circular por el barrio, entre los aplausos de los adultos y el asombro de los más jóvenes.

Banda de Granaderos en Plaza Dorrego. *La antigua plaza de San Telmo es escenario de varias conmemoraciones históricas.*

Plaza Dorrego

Una visita a **Plaza Dorrego**, en el antiguo barrio de San Telmo, es otro imperdible de esta gran ciudad. Los domingos se realiza la Feria de Antigüedades, con decenas de puestos que ofrecen desde monedas antiguas hasta estampillas, libros, vajilla de porcelana, cubiertos de plata, vestimenta de época y discos de pasta de Gardel. Las calles aledañas también están pobladas con negocios de anticuarios que ofrecen objetos en mayor escala, muebles, estatuas, lámparas añejas, baúles centenarios. El espíritu de la feria se complementa con el espectáculo de las milongas callejeras.

Los días soleados, los bares que rodean la plaza ofrecen platos sencillos en sus mesas exteriores. Los días fríos, los protagonistas son los cafés históricos, como el **Bar Plaza Dorrego**, en la esquina de Defensa y Humberto 1°; **El Federal**, en Perú y Carlos Calvo, que recuerda cómo eran los cafés de 1940, y **El Hipopótamo**, en Brasil y Defensa, frente a Parque Lezama, ideal para tomar un café acodado en la ventana.

Tradición. *Los domingos, los puestos ocupan las calles vecinas.*

Mesitas en la vereda. Ideales para disfrutar el show.

Calle Defensa. Muchas antiguedades se exhiben al aire libre.

Folklore. La música del interior de la Argentina está presente.

Tango. Milonga espontánea al ritmo de una guitarra

Buenos Aires de noche. Desde Puerto Madero se aprecia una de las panorámicas más hermosas de la ciudad.

Puerto Madero

Es el barrio más joven de la ciudad. Se extiende desde la Reserva Natural Costanera Sur hasta la Avenida Ing. Huergo, a los pies de Casa de Gobierno, y desde la calle Cecilia Grierson hasta la Avenida Juan de Garay, al sur de la ciudad.

El antiguo puerto de Buenos Aires dio paso a uno de los distritos más modernos de la ciudad, donde los tradicionales docks de ladrillos rojos fueron reciclados en edificios de departamentos, oficinas, lofts, restaurantes de tendencia, negocios y salas de cine que ocupan el sector oeste del Puerto.

El Dique 3 es atravesado por el famoso **Puente de la Mujer**, una creación del arquitecto español Santiago Calatrava, de 160 metros de extensión, que comunica con la parte nueva del barrio y que, según dijo su creador, recrea la figura de una mujer bailando tango. Este detalle que no es casual, ya que la gran mayoría de las calles de Puerto Madero llevan nombre de mujeres. En las aguas del mismo dique descansa la **Fragata Sarmiento**, un buque escuela que recorrió la distancia equivalente a 42 vueltas al mundo. A su vez, el Dique 4 acuna en sus aguas a la **Corbeta Uruguay**, la más antigua de las naves argentinas que se mantiene a flote, un orgullo nacional. Allí mismo se encuentra el exclusivo **Yacht Club Puerto Madero**. El sector este del Puerto cambió su fisonomía por modernos edificios espejados, hoteles cinco estrellas y torres de departamentos de lujo.

La Av. Costanera T. Achával Rodríguez separa la ciudad de la **Reserva Natural**, y a pocos pasos está la bellísima **Fuente de las Nereidas,** obra de la artista argentina Lola Mora, que en su momento fue tachada de "inmoral" por sus desnudos. En el **Museo de Calcos** hay una interesante colección de réplicas, en tamaño real, de las esculturas más importantes del mundo, como el "Moisés" y el "David" de Miguel Angel junto a la "Venus de Milo" y la "Victoria de Samotracia", entre otras famosas obras.

Para quienes extrañan el juego, en el Dique 1 está amarrado el **Casino Flotante**, un barco estilo Mississippi donde funciona el único casino de la Ciudad Autónoma de Buenos Aires.

Yacht Club Puerto Madero. *Ubicado a pasos del downtown, es uno de los clubes náuticos más distinguidos de Buenos Aires.*

Puente de la Mujer. Diseñado por el prestigioso arquitecto español Santiago Calatrava, representa una mujer bailando tango.

Un nuevo distrito en el antiguo puerto. En Puerto Madero se pueden ver las grúas y otros antiguos elementos del puerto.

Diseños. Las nuevas construcciones de Puerto Madero sorprenden por su diseño y modernidad.

Puerto. *En la zona norte de Puerto Madero se ubican las terminales que reciben cruceros y buques de guerra.*

Casino flotante*. Con un estilo que recuerda los barcos del Mississippi, es el primer casino flotante de la ciudad.*

Antiguos docks. *Fueron reciclados respetando su estructura original; en su interior albergan lofts, oficinas, restaurantes y cines.*

Actividades en Puerto Madero. *Pasear en bote, salir a correr, tomar algo en los bares, participar de muestras itinerantes...*

Imágenes junto al río. *Vacas pintadas por artistas destacados, una escultura de Juan M. Fangio, un buque histórico...*

Buenos Aires siglo XXI. *Con la llegada del nuevo milenio, la ciudad volvió a mirar hacia el Río de la Plata. Modernas torres de lujo, parques bordeando la costa y marinas deportivas son algunos de los recientes emprendimientos urbanos.*

Reserva Ecológica. *Un lugar ideal para respirar aire puro, andar en bicicleta, correr o simplemente disfrutar del tiempo libre.*

Otra perspectiva. *Desde la Reserva Ecológica se aprecia una panorámica diferente del centro de Buenos Aires.*

Reserva Ecológica Costanera Sur

A espaldas de **Puerto Madero**, recostada sobre el Río de la Plata, se encuentra esta Reserva Natural de 350 hectáreas. Un paseo agradable que permite ponerse en contacto con la naturaleza y que conforma un inédito pulmón verde a solo 10 cuadras del Obelisco. Tiene dos circuitos para recorrerla a pie o en bicicleta y es de entrada gratuita. El **Circuito de la Laguna de los Patos,** de 3300 metros, tiene su ingreso por la calle Brasil y el Circuito del Río, de 2200 metros, encuentra su entrada por la calle Viamonte. Cualquiera de los dos recorridos develan perspectivas únicas de Buenos Aires y sus edificios, que se asoman entre pastizales y colas de zorros. La Reserva contiene la flora y fauna típica de la llanura pampeana y del Delta del **Río Paraná**. Por año, es visitada por 250 especies de aves, que varían según la temporada, y también por algunos mamíferos, como la nutria, el cuis, la comadreja overa y colorada y gran número de reptiles.

Plaza de Mayo. *Desde el Cabildo Abierto de 1810, la Plaza de Mayo es el escenario principal de la vida política argentina.*

Plaza de Mayo

Desde la gesta de Mayo de 1810 hasta nuestros días, la Plaza de Mayo ha sido el escenario principal de la vida política argentina. Está rodeada de edificios históricos, comenzando por la **Casa de Gobierno** o Casa Rosada, donde gobierna el Presidente de la Nación y su equipo más cercano. También por la **Catedral Metropolitana**, donde descansan los restos del Gral. José de San Martín y por el antiguo **Cabildo** y el **Palacio Municipal**, donde se encuentra el jefe de gobierno porteño. La Plaza de Mayo, como se ve actualmente, fue rediseñada por el paisajista francés Carlos Thays en 1900, pero la Pirámide de Mayo, que se encuentra en el centro de la misma, data de 1856.

La Plaza está llena de significado para los argentinos, en ella sucedieron los hechos más tristes y los más gloriosos de la historia nacional. Inclusive, actualmente las manifestaciones y las marchas a favor o en protesta de diferentes motivos se inician o concluyen en Plaza de Mayo.

Uno de los hechos más recordados por la memoria popular es el último discurso que pronunció Evita (María Eva Duarte de Perón) desde uno de los balcones de la Casa Rosada.

Cabildo histórico. Una reducción del edificio original donde se gestó la Revolución de Mayo de 1810.

Casa Rosada. Sede del Poder Ejecutivo, donde se encuentran el Presidente de la Nación y sus colaboradores más cercanos.

Pirámide de Mayo. *Símbolo de la gesta de la Independencia, está coronada por una escultura que representa la República.*

Diagonal Julio A. Roca. *Desde la esquina con Bolívar se aprecian algunas de las cúpulas más bellas de Buenos Aires.*

Llama votiva. Ubicada en el frente de la Catedral Metropolitana.

Balcón histórico. Uno de los detalles de la Casa Rosada.

Símbolo. El pañuelo de las Madres de Plaza de Mayo.

Cambio de guardia. Una de las ceremonias de Plaza de Mayo.

Banderas. Vendedores ambulantes cerca de la Plaza de Mayo.

Cristóbal Colón. Detalle de la escultura dedicada a Colón.

Catedral Metropolitana. *Frente a la Plaza de Mayo se encuentra la Catedral que comenzó a construirse en 1791.*

Catedral Metropolitana

Ubicada frente a la histórica Plaza de Mayo, en las esquinas de Rivadavia y San Martín, se encuentra la Catedral Metropolitana de la Ciudad de Buenos Aires, bajo la advocación de la Santísima Trinidad. Es el sexto templo erigido como Catedral desde la llegada de los españoles. La primera edificación de adobe y paja se levantó en 1593 y tuvo que ser demolida por su frágil construcción. La misma suerte corrieron los templos posteriores que al poco tiempo de ser construidos se fueron derrumbando. La Iglesia actual comenzó a edificarse en el siglo XVIII, pero recién fue concluida a comienzos del siglo XX. A ello se debe la diversidad de estilos que tiene, desde el barroco hasta el románico, por la cantidad de arquitectos y constructores que trabajaron en la obra y que fueron cambiando de ideas a medida que avanzaba la construcción. El frente es una copia del Palais Bourbon, con las doce columnas que representan a los 12 apóstoles. Junto a la columnata se encuentra la llama votiva, en honor al Gral. San Martín y al Soldado desconocido de la Independencia. Su interior posee 5 naves, la principal con una extensión aproximada de 100 metros, y una cúpula de 46 metros de altura, además de 3000 metros cuadrados de piso recubierto con diminutos mosaicos. En el sector derecho sobresale el mausoleo del Libertador General José de San Martín, donde descansan sus restos. Fue declarada Monumento Histórico Nacional en 1942.

Basílica del Pilar. Una de las iglesias más bellas y más antiguas de Buenos Aires. Construida en la primera mitad del siglo XVIII.

Iglesias históricas

Tan antiguas como los túneles son algunas iglesias y conventos que aún se mantienen en pie en diferentes barrios de Buenos Aires.

La más antigua de todas es la Iglesia de **San Ignacio de Loyola**, inaugurada en 1722, en las calles Bolívar y Alsina, en pleno barrio de Monserrat, a pocos metros de la Plaza de Mayo.

La **Basílica Nuestra Señora del Pilar**, ubicada en el barrio de la Recoleta, junto al cementerio, data de 1732 y la Iglesia **Santa Catalina de Siena**, de estilo barroco y que tiene un agradable patio interno, es de mediados de 1700. Igualmente antigua es la **Basílica de Nuestra Señora de la Merced,** de 1779, ubicada en la calle Reconquista, en el microcentro porteño, con un acogedor jardín que puede visitarse.

En San Telmo se encuentra la **Iglesia de San Pedro González Telmo,** creada en 1806, y también el imponente **Convento de Santo Domingo**, en Avenida Belgrano y Defensa, que corresponde a fines del siglo XVIII y donde se encuentra el mausoleo del General Manuel Belgrano, uno de los más importantes héroes de la Independencia.

San Roque. *Histórica capilla del barrio de Monserrat.*

Santo Domingo. *Declarada Monumento Histórico Nacional.*

San Pedro Telmo. *A pocos metros de la Plaza Dorrego.*

San Ignacio de Loyola. *Ejemplo de arquitectura barroca.*

Zanjón de Granados. Un viaje al pasado colonial de Buenos Aires recorriendo túneles subterráneos bajo casas de San Telmo.

Túneles en la ciudad

Los misteriosos túneles de Buenos Aires fueron construidos en la época colonial y conectaban los principales edificios que rodeaban la Plaza Mayor, actualmente Plaza de Mayo. Hay algunos lugares que organizan visitas guiadas y permiten caminar por las entrañas de la ciudad. Una de las más interesantes es el viaje al pasado que propone el **Zanjón de Granados** (Defensa 755), túneles que correspondían a un curso de agua natural que desembocaba en el Río de la Plata. Algunos historiadores sitúan aquí la primera fundación de Buenos Aires. Se pueden apreciar restos de cimientos, muros, pisos y aljibes construidos entre 1730 y 1865.

Otras posibilidades para recorrer son los túneles de la **Manzana de las Luces** (Bolívar, Moreno, Alsina y Perú), llamada así porque fue el centro intelectual de la ciudad durante el siglo XIX, y los de la **Aduana Taylor**, a los pies de la Casa de Gobierno.

Manzana de las Luces. Túneles históricos de Buenos Aires.

Cúpulas de Buenos Aires

En los barrios porteños de Monserrat y Congreso se pueden apreciar varias de las cúpulas más bellas de la ciudad. En Avenida de Mayo se destaca la cúpula del **Diario la Prensa** (Av. de Mayo 575), con una figura femenina de bronce que sostiene una antorcha y una hoja escrita simbolizando la libertad escrita. El **Palacio Urquiza Anchorena** (Avenida de Mayo 747), edificado en 1921, tiene otra de las cúpulas notables de la ciudad. El **Palacio Barolo** (Av. de Mayo 1370), inaugurado en 1923, es muy llamativo y su cúpula, ubicada a la altura de un piso 24, fue la más alta de la ciudad hasta la construcción del edificio Kavanagh, en 1935. A pocos metros se encuentran las famosas cúpulas rojas del **Edificio La Inmobiliaria** (Av. de Mayo entre Luis Sáenz Peña y San José), de estilo neo renacimiento y en el último piso se ven estatuas de Venus y Apolo. En la esquina de las Avenidas Callao y Rivadavia está la cúpula de la **Confitería El Molino,** en estilo art nouveau y cubierta por vitrales de colores. Fue diseñada y construida en 1905, por el arquitecto italiano Francesco Gianotti. Son innumerables las cúpulas que rematan los edificios de Buenos Aires; solo por nombrar algunas otras están la del **Liceo Naval**, en la peatonal Florida y Avenida Córdoba; la del edificio de la **Aduana**, en Azopardo y Paseo Colón; la del **Gobierno de la Ciudad**, en Bolívar esquina Rivadavia y la de la **Estación de Trenes Bartolomé Mitre**, en el barrio de Retiro, a pasos de las barrancas de Plaza San Martín.

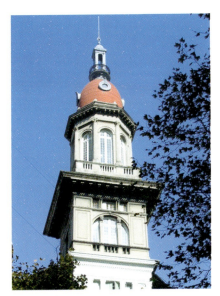

En las alturas. Desde la réplica de un molino hasta una cúpula dedicada al Dante.

Rincones. *A principios del siglo pasado la Avenida de Mayo era un lugar de encuentro, con cafés históricos que pueden visitarse.*

Avenida de Mayo

Inaugurada en 1885, para su construcción fueron convocados artistas de diferentes nacionalidades que se encargaron de las fachadas de los edificios. Sin embargo, es la más española de las arterias porteñas. La Avenida de Mayo es una caminata de un kilómetro de extensión que permite disfrutar de una exquisita arquitectura y obliga a observar en la altura las maravillosas cúpulas que rematan los edificios. Por ella se trasladan los Presidentes, desde el Congreso hasta la Casa de Gobierno, luego de asumir el cargo. Desde la Plaza de Mayo hasta la Plaza de los Dos Congresos se destacan: el **Cabildo**, construcción colonial de 1765, donde se gestó la Revolución de Mayo; el **Palacio Municipal**, de principios de siglo XX, en estilo académico francés; el edificio del **Diario La Prensa**, actualmente ocupado por la Secretaría de Cultura, una construcción de fines de siglo XIX, con una cúpula coronada por una farola de bronce de 3 mil kilos y una estatua alegórica del periodismo libre representada por una mujer. El **Café Tortoni**, inaugurado en 1858, fue famoso por sus tertulias de grandes personalidades. El histórico **Hotel Castelar** fue punto de reunión de políticos y literatos, y también morada transitoria del poeta español Federico García Lorca. A pocos metros, el **Teatro Avenida**, reinaugurado en 1994 con la presentación de Plácido Domingo, conserva el estilo de su construcción de 1908. Un párrafo aparte merece el **Palacio Barolo**, uno de los edificios más imponentes del paseo, obra del arquitecto italiano Mario Palanti en estilo expresionista e inaugurado en 1922. En la **Plaza de los Dos Congresos** se encuentra una pieza de Auguste Rodin, **"El Pensador",** una de las 6 copias autenticadas que hay en el mundo de esta escultura. El paseo concluye en el **Congreso Nacional**, un edificio estilo greco romano de comienzos del siglo XX, con una impactante cúpula de 30 mil toneladas de peso y bellos salones interiores.

Avenida de Mayo. *Fue inaugurada a fines del siglo XIX, en conmemoración del Centenario de la Revolución de Mayo.*

Café Tortoni. *Por sus mesas pasaron Jorge Luis Borges, Luigi Pirandello y Federico García Lorca, entre otras personalidades.*

Los 36 Billares. *Sobre la Av. de Mayo, fue el primer café porteño con un salón dedicado especialmente a los jugadores de billar.*

Bar Plaza Dorrego. *Un clásico de San Telmo. Visita obligada luego de recorrer la Feria de Antigüedades de la Plaza vecina.*

Cafés de Buenos Aires

Los cafés de Buenos Aires son escenario de rituales tan porteños como el tango: encontrarse a tomar un café entre amigos, hojear el diario, sentarse junto a la ventana para ver la gente pasar, escribir una carta de amor... En la ciudad hay tantos bares como historias, y muchos de ellos fueron nombrados patrimonio arquitectónico de Buenos Aires.

Algunos de los imperdibles son el histórico **Tortoni**, sobre la Avenida de Mayo, donde solía verse a Jorge Luis Borges; **Los 36 billares**, famoso por ser la cuna de los jugadores más famosos de billar; el **Bar Dorrego,** frente a la placita de San Telmo y el **Café Homero Manzi**, en Boedo, preferido por los tangueros...

Una ceremonia porteña. *Acodarse en una mesa de café para ver la gente pasar.*

Plaza de los Dos Congresos. Aquí se ubica el "Kilómetro 0".

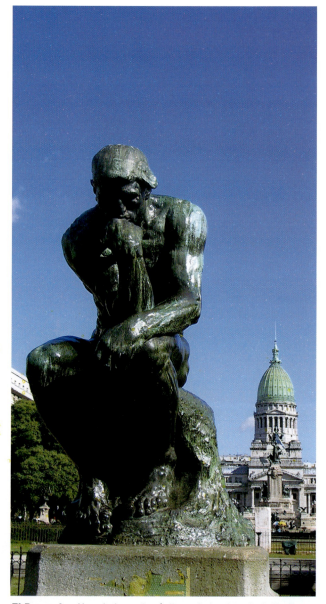
El Pensador. Una de las seis réplicas de la obra de A. Rodin.

Palacio del Congreso

Este imponente Palacio de estilo greco-romano es la sede del **Poder Legislativo**, donde sesionan la Cámara de Diputados y la **Cámara de Senadores**. Construido entre 1898 y 1908, su diseño es del arquitecto italiano Víctor Meano, quien para su creación se inspiró en el Capitolio de Washington, en USA. Su cúpula de 30 mil toneladas es una de las más bellas del país, mide 80 metros y está recubierta de cobre. Para lograr que el edificio la sostuviera fue necesario realizar una excavación de 10 metros y construir una cúpula invertida. La entrada principal es llamada Entrada de Honor y está ubicada sobre la Avenida Entre Ríos. En su frente se destaca la famosa Cuádriga, una obra de bronce de 8 metros de altura y 20 toneladas de peso, realizada por el escultor Víctor de Pol, y el carro tirado por 4 caballos, simbolizando la República triunfante conducido por la Victoria alada. En su interior los recintos más lujosos son la **Cámara de Diputados**, el Salón de los Pasos Perdidos y el Salón Azul.

Durante las fechas patrias, como el 25 de Mayo y el 9 de Julio, el exterior del Congreso es iluminado, resaltando aún más su belleza.

Vista panorámica desde el Palacio Barolo. La Plaza de los Dos Congresos fue diseñada por Carlos Thays en 1909.

Palacio del Congreso. Sede del Poder Legislativo. Fue inaugurado en 1906 y está inspirado en el Capitolio de Washington, USA.

Filetes porteños. Casas de la calle Jean Jeaures, en el barrio del Abasto, pintadas con diseños de filete porteño.

Homenajes callejeros. Sobre la cortada Zelaya se han pintado una serie de murales dedicados a Carlos Gardel, el zorzal criollo.

Mercado del Abasto. *El antiguo mercado de frutas y verduras fue convertido en el centro comercial más grande de la ciudad.*

Barrio del Abasto

El Abasto es sinónimo de Gardel. En este barrio recostado sobre la Avenida Corrientes vivió y pasó gran parte de su vida el cantante de tangos más famoso de la historia, Carlos Gardel, el "zorzal criollo". La estación de subte "B" y una calle fueron bautizadas con su nombre, además de una estatua que obliga a una foto de recuerdo.

El epicentro del barrio es, sin duda, el **Shopping del Abasto**, situado en el mismo lugar donde funcionó durante décadas el Mercado del Abasto, que surtía de frutas y verduras a buena parte de la ciudad. Reciclado totalmente, hoy es el centro comercial más grande de la ciudad, con más de 230 locales de ropa, calzado, librerías y jugueterías, además de varias salas de cine con proyecciones de películas fuera del circuito comercial.

En el 3er piso se encuentra el **Museo de los Niños**, una ciudad construida a medida de los chicos, para que jueguen a ser banqueros, cocineros, albañiles y plomeros, entre muchos otros oficios.

El shopping también cuenta con una amplia y variada plaza de comidas y un complejo de juegos electrónicos para chicos de todas las edades. Durante los últimos años, sobre la Avenida Corrientes han abierto sus puertas algunos hoteles de varias estrellas, que demuestran el perfil turístico que tiene el barrio del Abasto.

Carlos Gardel

Carlos Gardel es, sin duda, junto a Diego Maradona, Ernesto "Che" Guevara y María Eva Duarte de Perón, más conocida como Evita, uno de los ídolos populares de Argentina.

Uno de los mejores sitios para recrear la historia del "zorzal criollo" es la **Casa Museo de Carlos Gardel**, que se encuentra en el barrio del Abasto, en Jean Jaures 735.

En esta típica casa "chorizo" de 8 metros de frente vivió el cantante junto a su madre, Berta Gardés, desde 1927 hasta 1933, cuando ella decidió regresar a Francia. Hay recuerdos, fotografías y varios documentos que permiten imaginar la vida de Carlos Gardel. A pocos, pasos, en la cortada Zelaya, se pueden ver varios murales dedicados al cantor, un homenaje que se extiende a todo el barrio del Abasto.

En el **Cementerio de la Chacarita** se encuentra la tumba del cantante, que falleció en 1935 en un accidente aéreo en Medellín, Colombia. Desde entonces su figura no ha hecho más que agigantarse a medida que transcurre el tiempo. Una estatua lo recuerda de pie, con su eterna sonrisa y el clásico atuendo "gardeliano", siempre acompañado de flores frescas. En la fecha de su aniversario, 24 de junio, sus seguidores se acercan a ofrecerle sus canciones. Llama la atención la gran cantidad de placas recordatorias y de agradecimiento que adornan las paredes del mausoleo, y que se van sumando día a día desde el multitudinario entierro, el 6 de febrero de 1936.

24 de Junio. El día de su muerte los seguidores se encuentran en su mausoleo.

Estación Gardel. Antiguo mural ubicado en la estación de subte Abasto de la línea B.

Estatua de Gardel. Obra del artista Mariano Pagés.

Cementerio de Chacarita. Mausoleo dedicado a su memoria.

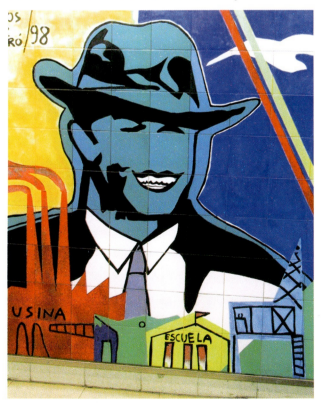
Arte popular. Otro de los murales dedicados a Carlos Gardel.

Museo Gardel. La casa donde vivió, hoy convertida en museo.

Tango

El tango nace en la segunda mitad del siglo XIX, en la zona portuaria de Buenos Aires, en los barrios del sur como La Boca, San Telmo, Monserrat, Pompeya; de allí, se difunde por la ciudad.

Años después, la voz de **Carlos Gardel** proyecta el tango al resto del mundo, especialmente con uno de los tangos más memorables, "Caminito", con música de Juan de Dios Filiberto.

Desde sus inicios el tango mostró su perfil cambiante: era sólo música interpretada con un pianito en casas de mala fama, luego se le sumaron la guitarra, la flauta y el violín, a medida que era aceptado en salones porteños. Primero se bailaba entre hombres, arrabaleros, guapos, malevos y compadritos El gran cambio del tango lo produjo la llegada del bandoneón, de Alemania, convirtiéndose en el instrumento emblemático del tango e interpretado por grandes figuras, como el genial **Astor Piazzolla**.

Es un ritmo tan profuso que sólo puede compararse con el jazz en riqueza y vigencia, pero la diferencia está a favor del tango porque se baila, y la música popular que no se baila termina en las salas de concierto más que en la calle. En Buenos Aires el tango se respira en cada esquina, hay numerosos espectáculos con cena y orquestas de primer nivel, musicales y también milongas barriales donde, por la tarde, enseñan a bailar y luego se inicia la milonga.

En las calles, plazas y ferias de la ciudad es posible ver a artistas espontáneos que muestran su destreza bailando al ritmo del 2x4.

Aroma a tango. En Buenos Aires, siempre hay una oportunidad para bailar el tango.

Milongas. En la Confitería Ideal, a metros de la Av. Corrientes, funciona una de las milongas más auténticas de Buenos Aires.

El Obelisco y la Avenida Corrientes

Las avenidas Corrientes y 9 de Julio conforman una de las esquinas más fotografiadas de Buenos Aires. En la intersección de ambas arterias se encuentra el **Obelisco**, una de las clásicas postales de la ciudad. Por la noche, la Avenida Corrientes se transforma en la **"Broadway porteña"**, con sus marquesinas iluminadas, que anuncian las obras teatrales y los musicales que están en cartel. Es aquí donde se concentra la mayor parte de los teatros, tanto los tradicionales como los de vanguardia, que presentan sus espectáculos de martes a domingos. Esta agitada avenida, conocida como "la calle que nunca duerme", también es famosa por sus librerías que contagiaron el clima de bohemia a los cafés cercanos. Algunos de los más famosos son el **Café La Paz**, en la esquina de Avenida Corrientes y Montevideo, y el histórico **Café La Giralda**, en la Avenida Corrientes y Paraná, muy conocido por su chocolate con churros.

Los restaurantes de la zona son parte de la historia de la ciudad, desde el alemán **Zum Edelweiss**, donde se encuentran muchos actores luego de la función, a la historica pizzería **Los Inmortales**, que muestra en sus paredes, fotos de la época de gloria del tango con Carlos Gardel, Aníbal Troilo y Edmundo Rivero; el tradicional **Pippo**, sobre la calle Montevideo, reconocido por sus vermichellis tuco y pesto, además de las pizzerías vecinas como **Guerrín**, **Banchero** o **Las Cuartetas**, abiertas a cualquier hora del día.

Broadway porteño. La Avenida Corrientes es famosa por la variedad de teatros.

La Avenida que nunca duerme. Un paseo ideal para los amantes de la noche.

Símbolo de la ciudad. *El obelisco fue levantado para conmemorar el cuarto centenario de la primera fundación de la ciudad.*

Teatro Colón*. En él se presentaron Arturo Toscanini, María Callas, Plácido Domingo, Luciano Pavarotti, Enrico Caruso...*

Teatro Colón

Es reconocido como uno de los teatros líricos con mejor acústica del mundo, junto a la Scala de Milán. Fue inaugurado en 1908 con la puesta en escena de "Aída" de **Verdi**. A lo largo de estos años de vida pasaron por su escenario artistas consagrados como, **Toscanini, María Callas, Pavarotti, Nijinsky**...
No sólo vale la pena asistir a alguna función de ópera o concierto para ver todo el esplendor de la sala principal en funcionamiento, también son muy interesantes las visitas guiadas que se realizan diariamente en varios idiomas y que permiten conocer el "detrás de escena" del prestigioso teatro. Tiene tres subsuelos que pasan por debajo de la Av. 9 de Julio y donde funcionan la sastrería, con más de 80 mil trajes de época; la zapatería, con más de 20 mil pares de zapatos; la peluquería, con sus 36 mil pelucas, y muchos otros talleres, como el de carpintería, donde se confecciona cada mueble y objeto que luego sube a escena. Además del paseo tras las bambalinas, algunos datos permiten imaginar la magnitud del teatro. La sala principal tiene capacidad para 2500 personas, el escenario mide 35 metros de frente y tiene un disco giratorio de 20 metros de diámetro. Se destaca la cúpula pintada por el artista argentino **Raúl Soldi**, que cubre una superficie de 318 metros cuadrados. Una de las curiosidades del teatro son los "baignoires" de la sala principal: se trata de palcos cubiertos con rejas de bronce, que eran ocupados por los espectadores que guardaban luto o no querían estar a la vista del público, pero tampoco deseaban perderse la función.

Imponente. La sala principal del teatro tiene capacidad para 2500 personas y un escenario con disco giratorio.

Cúpula. El cielorraso de la sala principal fue decorado por el artista Raúl Soldi.

Salón Dorado. Para pequeños conciertos.

Mito & arte. *Las pinturas espontáneas suelen rendir homenaje a los ídolos populares como Ernesto "Che" Guevara.*

Tango. *Un mural del barrio de Barracas.*

Protesta. *Tema preferido de los graffitis.*

Existencialismo*. Arte que hace pensar.*

Graffitis porteños

Como en toda gran ciudad, en Buenos Aires tampoco faltan los graffitis, dibujos, expresiones populares y frases célebres pintados sobre paredes de terrenos baldíos, frentes de casas abandonadas y hasta en en vagones de trenes, carteles publicitarios y edificios. Los "graffiteros" son artistas que tienen su propio estilo, generalmente pintan con aerosol y esténcils y raras veces lo hacen por pedido. Pueden recrear un paisaje, un dibujo abstracto, un retrato o los principales mitos populares que adornan diferentes rincones de la ciudad. Una de las zonas más pobladas de graffitis es la Avenida **Goyeneche** (ex Donado), en el barrio de **Saavedra**. Sin embargo este arte popular se ha extendido por todos los barrios de la ciudad. Uno de los más llamativos es el que se encuentra en la esquina de las **Avenida de Mayo y Bernardo de Irigoyen** y que representa una típica escena de las calles porteñas. Los graffitis tienen fecha de vencimiento porque otro artista puede considerar mejor su iniciativa y cubrirlo con una nueva obra de arte.

Arte público. En la esquina de Av. de Mayo y Bernardo de Irigoyen un mural retrata una típica escena de Buenos Aires.

Calle Florida

Es la peatonal más emblemática de Buenos Aires. Comienza en **Avenida de Mayo**, a pasos de la **Plaza de Mayo**, y atraviesa el microcentro porteño hasta llegar a las barrancas de la **Plaza San Martín**, en la zona de **Retiro**. Un poco más de 10 cuadras con locales de toda clase, joyerías, ropa de cuero, zapatos, tiendas de electrónicos, librerías, perfumerías, disquerías, kioscos, grandes tiendas, heladerías, cafés y restaurantes.

Durante la semana, caminar por **Florida** es una tarea difícil que se complica, aún más, al mediodía, cuando los empleados de bancos, empresas y oficinas salen para almorzar, mientras los vendedores ambulantes y artistas callejeros entretienen al público con sus espectáculos espontáneos.

Uno de los sitios más destacados de esta famosa peatonal es **Galerías Pacífico**, un elegante centro comercial con reconocidas marcas de ropa y frescos de **Antonio Berni, Juan Carlos Castagnino y Lino Eneas Spilimbergo**, que adornan el cielorraso, además de una plaza de comidas y varias salas de cine.

A pocos pasos se encuentra el **Centro Cultural Borges**, que ofrece interesantes exposiciones artísticas de nivel internacional. En frente, la Iglesia de Santa Catalina tiene un hermoso patio para descansar. En la esquina de Paraguay y Florida está el **Florida Garden**, un clásico café porteño, punto de encuentro de intelectuales, y llegando a Plaza San Martín, en un subsuelo se encuentra la **Galería de Arte Ruth Benzacar**, con muestras de artistas de vanguardia.

Peatonal Florida. *Un paseo imperdible que nace a pasos de la Plaza de Mayo.*

Galerías Pacífico. Un centro comercial famoso por sus murales realizados por Antonio Berni, Juan C. Castagnino y Spilimbergo.

Músicos ambulantes. Una de las escenas típicas de Florida.

Convento de Santa Catalina. Hermoso claustro de 1745.

Torre de los Ingleses. Un regalo de la comunidad británica a la República Argentina.

Homenaje. Monumento dedicado a los Caídos en la Guerra de las Malvinas.

Plaza San Martín

Recostada sobre una barranca natural, es una de las plazas más bellas y con más historia de Buenos Aires. Desde la llegada de los españoles cumplió distintas funciones, fue mercado de esclavos, plaza de toros y cuartel de artillería. A fines del siglo XIX se parquizó con más de 300 árboles y se convirtió en uno de los rincones emblemáticos de la ciudad.

Rodeando la plaza hay varias mansiones que pertenecieron a familias aristocráticas de la sociedad porteña y que hoy son edificios oficiales. El **Palacio Haedo,** en Avenida Santa Fe y Maipú es actualmente sede de Parques Nacionales; en el **Palacio Paz,** a pasos del anterior, funciona el Círculo Militar y el Museo de Armas de la Nación, y el exquisito **Palacio Anchorena,** conocido como Palacio San Martín, es sede de la Cancillería Argentina. Otro edificio emblemático es la torre **Kavanagh,** inaugurado en 1936: fue el primer rascacielos de Sudamérica. Además, en la Plaza se destaca un importante grupo escultórico dedicado al Libertador General José de San Martín. A los pies de la barranca, sobre la Avenida del Libertador, se encuentra el **Monumento a los Caídos en la Guerra de Malvinas,** con los nombres de los soldados grabados en piedra. Enfrente está ubicada la histórica **Torre de los Ingleses,** obsequio de la comunidad inglesa con motivo del Centenario de la Revolución de Mayo. Tiene un mirador en el 6° piso, que ofrece una vista única de la Plaza San Martín.

Plaza San Martín. Emplazada en una bella barranca natural, aquí funcionó una de las plazas de toros de Buenos Aires.

MNBA. La colección de obras de arte más importante del país.

Museo Fernández Blanco. Valioso patrimonio de arte colonial.

Museo de Arte Decorativo. Funciona en el Palacio Errázuriz.

Museo de Arte Moderno. Obras de Picasso, Matisse, Berni...

MALBA. Colección privada de arte latinoamericano con obras de Kahlo, Rivera, Do Amaral, Torres García, entre otros artistas.

Museos de Buenos Aires

Buenos Aires también se destaca por sus respetados museos y obras de arte. Uno de los más importantes es el **Museo Nacional de Bellas Artes**, con un acervo superior a las 11 mil piezas, entre las que se encuentra una impactante colección impresionista con obras de Manet, Van Gogh, Gauguin y Degas; además están presentes Rembrandt, El Greco, Rubens, Goya, Modigliani, Chagall, Klee y Picasso, entre muchos otros. En el primer piso se encuentran reunidas las obras de los artistas argentinos y además ofrece exposiciones temporarias.

A pocas cuadras se encuentra el **Museo de Arte Latinoamericano de Buenos Aires**, que reúne la interesante colección Costantini de los artistas latinoamericanos más importantes de la actualidad: Kahlo, Rivera, Berni, Lam, Torres García, Botero y Do Amaral, entre otros. Además en el moderno edificio hay muestras de artistas contemporáneos, un cine con proyección de películas que están fuera del circuito comercial, una agradable tienda y un simpático café.

El **Museo Nacional de Arte Decorativo**, ubicado en el Palacio Errázuriz, es la única mansión de época abierta al público en general. Tiene más de 4 mil piezas, conformadas por tapices, porcelanas y cuadros de gran valor, destacándose obras de Rodin, El Greco, Sorolla y Fragonard.

Una hermosa mansión neocolonial alberga el **Museo Isaac Fernández Blanco**, famoso por su colección de platería hispanoamericana.

Otro destacado es el **"Museo Evita"**, un interesante paseo por la vida de una de las personalidades más controvertidas del siglo XX, plasmado en una muestra permanente de fotografías, videos, vestimenta y recuerdos.

Av. Alvear y Montevideo. *Se pueden apreciar los palacios McGuire, Duhau y Anchorena, testimonios de la belle epoque porteña.*

Avenida Alvear

Con su arquitectura de estilo francés, es un reducto de París en la zona más distinguida de la capital argentina. Son apenas 600 metros que van desde las barrancas de Plaza Francia, en el corazón de la Recoleta, hasta el Palacio de la Embajada de Francia, a los pies de la Avenida 9 de Julio.

Aquí se concentran los nombres más distinguidos de la aristocracia de la moda, Hermès, Cartier, Louis Vuitton, Ralph Lauren, Armani, Escada, por mencionar algunos. Las antiguas mansiones señoriales han sido recicladas convirtiéndose en elegantes boutiques, galerías de arte, hoteles cinco estrellas, joyerías y residencias de lujo.

Aquí se encuentra el **Alvear Palace Hotel**, inaugurado en 1932; el **Four Seasons Buenos Aires**, que ocupa el antiguo Palacio Duhau, de 1890; el vecino palacio, de estilo academicista, actual sede de la **Nunciatura Apostólica**; varias sedes diplomáticas, como la **Embajada de Francia** y la **Embajada de Brasil**, y sedes de dintinguidos clubes sociales, como el **Jockey Club**, lugar de encuentro de los apellidos más tradicionales del país.

Sede de la Embajada de Francia. Muestra de la influencia de la arquitectura francesa en el Río de la Plata durante el siglo XIX.

Elegancia. Interior del Palacio Anchorena, sede de la Nunciatura.

Palacio Alzaga Unzué. Actual Maison del Hotel Four Seasons.

Distrito Recoleta

Es el barrio más aristocrático de Buenos Aires, y al mismo tiempo el "imperdible", para alguien que dispone de un sólo día en la ciudad. El epicentro es la Plaza Francia, de tranquilas barrancas que durante los fines de semana alberga una colorida feria artesanal con más de un centenar de artesanos, además de músicos callejeros, cantantes, mimos y espectáculos espontáneos. A pocos pasos está la histórica **Basílica Nuestra Señora del Pilar,** construida en 1732, vecina del **Cementerio de la Recoleta,** en donde se encuentra el mausoleo de Eva Duarte de Perón, entre otras personalidades argentinas.

Frente al cementerio, bajo la sombra de centenarios gomeros, se agrupa un interesante y concurrido circuito de restaurantes, bares, heladerías, cines y discotecas, abiertos toda la noche. En la zona hay opciones para todos los gustos. Un clásico es el **Café La Biela,** con mesitas en la vereda, ideales para hacer una pausa, pedir un café y distraerse viendo la gente pasar. El barrio es además un importante polo cultural. El **Centro Cultural Recoleta** es reconocido por sus muestras de vanguardia de artistas jóvenes y en el **Palais de Glace,** que a principios del siglo XX era un salón de baile donde venía Carlos Gardel, hoy se realizan muestras artísticas itinerantes muy concurridas. Además en la zona hay varios centros de compras, como el elegante **Patio Bullrich,** el **Buenos Aires Design,** dedicado al diseño y la decoración, y el **Village Recoleta,** con librería, cines y patio de comida.

Escenas. Escuela de tango en el Centro Cultural y artesanos en Plaza Francia.

Veredas de Recoleta. *Disfrutar el sol en las mesitas de los cafés de la Recoleta, a pasos de la histórica Iglesia del Pilar.*

Patio Bullrich. Elegante centro comercial de Recoleta.

Alto Palermo. Amplio shopping ubicado en Palermo.

Distrito Alvear. Lugar elegido por las marcas más prestigiosas.

Vidriera con estilo. Un paseo para tentarse a cada paso.

Rue des Artisans. Uno de los pasajes de Buenos Aires.

Avenida Santa Fe. Para pasear y hacer compras.

Antiguo aljibe. En una de las esquinas del barrio de Recoleta.

Basílica del Pilar. Testimonio de los monjes recoletos.

Cementerio de la Recoleta. *El campo santo más aristocrático de Buenos Aires, con imponentes mausoleos.*

Cementerio de la Recoleta

Ubicado en una de las zonas más antiguas de **Buenos Aires**, es el cementerio más aristocrático de **Argentina**. En el siglo XVIII, los monjes recoletos establecieron un convento en esta colina natural, y lentamente fue creciendo el cementerio vecino.

Su punto neurálgico es una estatua de **Jesús del Huerto**, y desde allí se desprenden las callecitas laberínticas que esconden los mausoleos de influyentes figuras de la historia argentina, como **Domingo Faustino Sarmiento, Juan Manuel de Rosas, Facundo Quiroga y Guillermo Brown**, además de la tumba de **Evita**. El cementerio es un interesante paseo entre edificaciones de distintos estilos, muchas de las cuales contienen verdaderas obras de arte representadas en angeles, esculturas, bustos y hasta símbolos masones. Todos los días se realizan visitas guiadas en diferentes idiomas que parten desde el ingreso al Cementerio, en Junín 1760.

Obras de arte. La mayoría de los mausoleos del cementerio están decorados con esculturas, mármoles y bronces.

Mausoleo y Monumento a Evita. *La tumba de la Familia Duarte es la más visitada del cementerio de la Recoleta.*

Mausoleo de Evita

El mausoleo de **María Eva Duarte de Perón** (1919-1952), más conocida como **Evita**, se encuentra en el Cementerio de la Recoleta. Los visitantes pueden organizar la caminata con un plano de las ubicaciones de las tumbas, que se encuentra en la entrada del cementerio. De todas maneras, para llegar al mausoleo donde está el cuerpo embalsamado de **Evita** sólo hace falta seguir a la mayoría de los visitantes. Ingresando hacia el lado izquierdo, cerca del paredón que da a la calle Vicente López, está la discreta tumba de la familia **Duarte**, con frente de mármol negro y puerta doble de bronce, siempre acompañada por ofrendas florales y turistas que llegan hasta aquí para fotografiarse junto al mausoleo de uno de los mitos populares más fuertes de **Argentina**. Vale recordar que el cuerpo de Evita estuvo desaparecido durante más de 10 años, sin conocerse su paradero hasta ser repatriado nuevamente a la Argentina. En esos años estuvo enterrada en el cementerio **Maggiore** de Milán. El 22 de octubre de 1976 fue depositado en la tumba de la familia **Duarte**, en la Recoleta, donde descansa definitivamente.

Junto a Juan Domingo Perón. En el interior del Teatro Colón.

En el balcón. Evita habla a la multitud en Plaza de Mayo.

Histórico. El 22 de agosto de 1951 frente a la multitud, Evita renuncia a la candidatura a vicepresidente de la Nación.

Avenida del Libertador. Una de las arterias más transitadas de Buenos Aires. Atraviesa desde Recoleta hasta Nuñez.

Espacios verdes. En el área hay varios parques de diseño francés, con canteros con flores y antiguos faroles de hierro.

Floralis Generica. *Instalada en el 2002, tiene 20 metros de altura y sus pétalos se abren a medida que avanza el día.*

Avenida del Libertador

Una de las avenidas más lindas de Buenos Aires, que comienza en el barrio de Retiro, a los pies de las barrancas de la Plaza San Martín y la Torre de los Ingleses, atraviesa los barrios de Recoleta, Palermo, Belgrano y Nuñez, y continúa internándose en la provincia de Buenos Aires, más allá de la Avenida General Paz, hasta llegar a los pies del Río de la Plata.

A lo largo de su recorrido se pueden ver algunas hermosas esculturas al aire libre, como obras de Auguste Rodin, Emile Antoine Bourdelle y Fernando Botero, entre otros famosos artistas. Hace pocos años, en el área se instaló la Floralis Generica, una enorme flor que va abriendo sus pétalos a medida que transcurre el día, diseñada por Eduardo Catalano. Además hay un gran número de cafés, ideales para disfrutar el sol, varios museos y restaurantes de lujo.

Domingo Sarmiento. *Escultura realizada por Auguste Rodin.*

El último centauro. *Obra de Antoine Bourdelle, en la Recoleta.*

Las Nereidas. *En la Costanera Sur se puede apreciar la famosa obra realizada, en 1903, por la artista argentina Lola Mora.*

Torso masculino. Escultura del colombiano Fernando Botero, ubicada en el parque Thays, en el distrito de la Recoleta.

Esculturas al aire libre

Las calles y plazas de Buenos Aires son un museo a cielo abierto, que permiten caminar y disfrutar en forma gratuita de valiosas obras de arte de reconocidos artistas. Los espacios verdes del barrio de la Recoleta ofrecen un interesante circuito concentrado en pocas cuadras. Una de las esculturas más llamativas es "**Torso Masculino**", de Fernando Botero, ubicado en el Parque Thays. A pocos metros se encuentran dos obras de Emile Antoine Bourdelle, "**Heracles Arquero**" y "**El último centauro**", en la intersección de las Avenidas del Libertador y Pueyrredón. Una de las últimas obras que llegó para sumarse al acervo artístico de la ciudad es "**Floralis Generica**", la gigantesca flor de aluminio y acero con pétalos móviles que se abren lentamente a medida que avanza el día, obra del arquitecto argentino Eduardo Catalano. El sello de Rodin también está presente en las calles porteñas: el **Monumento a Sarmiento** descansa en Av. Sarmiento y del Libertador, frente al Planetario, y una réplica del famoso **"Pensador"** se puede ver en la Plaza de los Dos Congresos, en Hipólito Yrigoyen y Virrey Ceballos. Otro monumento para destacar es la bellísima "**Fuente de las Nereidas**", grupo escultórico de la artista Lola Mora, realizada en mármol de Carrara y granito rosado, y que se encuentra en la Costanera Sur.

Personajes. Los paseadores de perros y las esculturas vivientes son dos "oficios" que llaman la atención de los visitantes.

Personajes de Buenos Aires

La ciudad de Buenos Aires no sería igual sin los típicos personajes porteños, que brindan una nota de color a las calles y paseos. Uno de los más simpáticos son los **paseadores de perros**: desde la mañana se los puede ver llevando correas de la mano, con una docena de perros de diferentes razas y tamaños, hasta los parques donde pasan parte del día.

Los **vendedores ambulantes** de plumeros, escobas, artesanías en cuero, caricaturas, jugos naturales de naranja están en las principales calles y es muy difícil no tentarse. A su paso, el visitante también puede encontrar músicos callejeros talentosos, tangueros que muestran su clase en milongas al aire libre, afiladores de cuchillos que van con su bicicleta-taller de puerta en puerta, organilleros que adivinan el futuro, estatuas vivientes que pueden quedarse inmóviles durante horas… Recientemente se han agregado a esta "cartelera urbana", malabaristas y payasos que aprovechan la pausa del semáforo y muestran sus habilidades a cambio de una moneda.

Espectáculo al aire libre. Las calles de Buenos Aires siempre son entretenidas: coloridos vendedores de plumeros, organilleros que adivinan el futuro, protestas populares, bandas musicales en los parques, músicos de jazz en la peatonal Florida...

Jardín Botánico. Con 5.000 especies de plantas de todo el planeta, fue diseñado por Carlos Thays hace más de un siglo.

Jardín Japonés. *Para viajar a Oriente sin salir de Buenos Aires. Lagos con peces, jardines zen y una casa de té en una pagoda.*

Jardines en la ciudad

El Jardín Botánico, el Jardín Zoológico y el Jardín Japonés son tres oasis en el medio de la ciudad. El **Jardín Botánico** fue diseñado por el paisajista francés Carlos Thays hace más de un siglo. En su interior hay 5000 especies de plantas de todo el mundo agrupadas por continente, que recrean pequeñas postales de diferentes partes del planeta.

A pocos metros está el **Jardín Zoológico**, con 18 hectáreas, donde conviven 3500 animales de 350 especies diferentes que habitan un entorno exótico, con réplicas de palacios hindúes, pagodas japonesas y templos egipcios. Se destacan los tigres blancos, los elefantes, las jirafas, los osos pardos y los camellos.

Mucho más pequeño pero igualmente interesante es el **Jardín Japonés**, un verdadero rincón oriental en el corazón de Palermo, con especies originales de Japón, estanques de agua plagados de peces multicolores y un vivero dedicado al cultivo del bonsai. También hay un agradable restaurante-casa de té que ofrece sabores de la lejana isla.

Desde el aire. *Vista aérea del famoso Rosedal de Palermo, en la cual se aprecia su diseño netamente francés.*

Parque 3 de Febrero

Es el pulmón verde más grande de Buenos Aires, donde los porteños disfrutan los días de sol. En 1872, el presidente **Domingo Faustino Sarmiento**, propuso la creación de un parque que permitiera mostrar la flora del país, además de plantas exóticas de otras regiones de **América**. En sus orígenes el parque tenía una extensión superior a las 300 hectáreas.

En 1890, el arquitecto y paisajista francés **Carlos Thays** asumió la Dirección de Parques y diseñó el trazado actual del parque.

Se destaca por su riqueza arbórea: jacarandás, acacias, palmeras y la imperdible magnolia histórica, plantada por el presidente **Nicolás Avellaneda**, en 1875.

Aquí se encuentran el **Planetario**, con espectáculos para público de todas las edades; el **Jardín Japonés**, con sus pagodas y diseño zen, y varios lagos donde se

Actividades. El parque tiene un lago central con botes que se pueden alquilar y la única cancha de golf dentro de la ciudad.

pueden alquilar botes o bicicletas de agua para pasear. También es el hogar de **El Rosedal,** un jardín repleto de rosales con un bello patio andaluz, donado por la ciudad de Sevilla. A pocos metros está el **Museo Eduardo Sívori,** con interesantes muestras temporales y un patrimonio de pinturas, esculturas, dibujos y tapices. Para los deportistas, en el centro del Parque 3 de Febrero está el **Campo Municipal de Golf**, una cancha de 18 hoyos con lagunas y frondosa arboleda. El parque está enriquecido con una importante variedad de esculturas, entre las que se destacan una figura de Sarmiento firmada por Auguste Rodin y una pieza dedicada a Caperucita Roja, realizada por Jean Carlus. Es uno de los lugares de esparcimiento más frecuentado y uno de los clásicos paseos de los porteños durante los fines de semana, cuando la gente lo recorre en bicicleta, caminando, en auto o en patines.

Paseo tradicional. Recorrer Palermo en un mateo tirado por caballos es una antigua costumbre que se mantiene vigente.

Rosedal. Un hermoso jardín de rosas de comienzos del siglo XX, con un paseo de esculturas y un sorprendente patio andaluz.

Planetario Galileo Galilei. Para aprender del cosmos y conocer enormes meteoritos caídos en suelo argentino.

Lagos de Palermo. Ofrecen diferentes posibilidades: alquilar botes, pasear en bicicletas acuáticas, caminar a su alrededor...

Exposición Rural

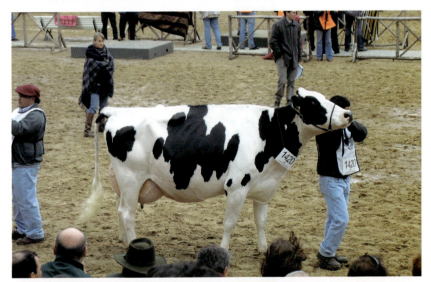

Exposición Rural. Una tradición argentina que ya cumplió 120 años de vida.

Desde hace más de un siglo, en el Predio Ferial ubicado en el Distrito de Palermo, se organiza anualmente la Exposición Rural, considerada el evento agropecuario-ganadero más importante de América Latina. Las empresas ligadas al campo exponen sus novedades y maquinarias mientras que los productores compiten con sus animales por el primer puesto, frente a un jurado muy exigente. Se presentan desde caballos, vacas y toros de diferentes razas hasta ovejas, cerdos, llamas, gallinas y conejos. Las especies mayores desfilan por la pista central acompañadas por sus cuidadores para mostrar su belleza y cualidades, mientras son calificadas por un jurado que actúa a la vista del público explicando sus decisiones. El Gran Campeón es el premio principal, una garantía de calidad y un orgullo que acompaña a su dueño de por vida. Una vez terminada la competencia, la mayoría de los animales competidores salen a remate y se venden al mejor postor.

La pista central es el punto neurálgico de la Rural, donde también se realizan espectáculos y las pruebas de destreza con caballos de diversas razas. Las diferentes provincias de Argentina también tienen sus stands con exposición de productos regionales, desde textiles a alimentos, vinos, etc. Sin olvidarse de los numerosos restaurantes y parrillas al paso que tientan a sentarse para disfrutar de un buen asado. La exposición rural es un excelente programa para quien quiera conocer el espíritu del campo argentino.

Pista central. El lugar donde se presentan los mejores exponentes para elegir al Gran Campeón de cada especie.

Artículos regionales. Las artesanías en cuero y las delicias caseras son dos de los rubros a la hora de comprar.

Hipódromo de Palermo. *En su pista principal se disputan las carreras más importantes del calendario turfístico.*

Hipódromo de Palermo

Es el epicentro de la actividad turfística en Buenos Aires. Fue inaugurado en 1876 y a lo largo de su historia vió actuar en sus pistas a los jockeys más destacados, como Irineo Leguisamo y Marina Lezcano, además de gloriosos pura sangre de carrera, como Old Man, Botafogo, La Misión, Yatasto... El **Hipódromo** tiene **tres pistas de arena de cava**: dos se utilizan para entrenamiento y vareo de los caballos exclusivamente, y la pista principal, una de las mejores del mundo por su composición, tiene una **extensión de 2400 metros y se** emplea para competencias. El Hipódromo tiene tres tribunas desde donde se puede disfrutar el espectáculo, además de un grato restaurante con vista a la pista principal y la Confitería París. Las principales competencias que se disputan son el Gran Premio República Argentina, durante el otoño, y el Gran Premio Nacional, considerado el Derby nacional, que se realiza en noviembre.

Campeonato Argentino Abierto de Polo. La cancha Nº1 de Palermo es conocida como "la Catedral del Polo".

El mejor polo del mundo

El campo Argentino de Polo de Palermo es la Catedral del deporte de los caballeros. El predio cuenta con dos canchas, pero es en la Cancha N° 1 donde se juega la final del **Campeonato Argentino Abierto de Polo**, donde compiten los ocho mejores equipos del mundo. Es la competencia más importante que se disputa en el planeta y cierra la Triple Corona, que son los Campeonatos Abiertos de Hurlingham Club y de Tortugas Country Club. El Campeonato Argentino Abierto de Polo se disputa la última quincena de noviembre y los primeros días de diciembre, cuando los jugadores dejan su alma en la cancha de Palermo para poder levantar la copa más preciada.

Las semifinales, y sobre todo la final del Abierto, se ha convertido en un espectáculo digno de ver, con presencia de modelos, artistas, músicos, deportistas, jeques, reyes, presidentes y otras personalidades que quieren ver el mejor polo del mundo.

Palermo Viejo. Un barrio dinámico y colorido, con ferias callejeras, bares con mesitas en la vereda y músicos espontáneos.

Un barrio sin rutina. En las calles de Palermo Viejo hay músicos ambulantes, exposiciones artísticas, ferias a beneficio...

Palermo Viejo

Hasta hace pocos años era un típico barrio porteño, de casas bajas, almacenes, bodegones y clubs, donde los vecinos se encontraban para jugar a las cartas. Hoy es el barrio de tendencia de Buenos Aires. La Plaza Cortázar es el punto central del barrio, una pequeña plaza con algunos juegos infantiles y puestos de artesanos, a pocos metros de la casa que ocupó Jorge Luis Borges en la década del '20. Está rodeada de bares con mesitas en la vereda, restaurantes étnicos y locales de ropa, diseño y decoración.

A pocas cuadras, en Costa Rica y Armenia, está la Plaza Costa Rica, un circuito más "trendy", con vinerías, heladerías gourmet, teatros de vanguardia, centro de diseñadores, pequeñas tiendas que venden desde jabones artesanales a papel hecho a mano.

Bares 24 horas. De día o de noche, los bares de Palermo siempre son un punto de encuentro entre amigos.

Espíritu intacto. Un barrio de viejos almacenes y mercados de pulgas que se modernizó sin perder identidad.

Los nuevos Palermos

Palermo Soho y Palermo Hollywood son parte de la nueva personalidad de la ciudad. En los alrededores de la Avenida Juan B. Justo, las antiguas casas dieron paso a estudios de TV, galerías de arte, restaurantes de tendencia, bares y pequeñas tiendas de jóvenes diseñadores. No faltan las discotecas con noches temáticas y recitales, y las salas de teatro off, con obras que escapan del circuito tradicional. Los últimos en llegar a Palermo Hollywood son los hoteles de diseño, atendidos por sus propios dueños. Pese a toda esta modernidad, Palermo no ha perdido el encanto del barrio residencial con panaderías, almacenes, ferreterías y mercados, que siguen siendo la esencia de una zona en pleno proceso de transformación.

Una Estatua de la Libertad porteña. Una pequeña réplica de la obra de F. Bartholdi se encuentra en las Barrancas de Belgrano.

Barrios Porteños

Más allá de los tradicionales barrios porteños, en Buenos Aires hay muchos otros distritos para tener en cuenta. Desde el tanguero barrio de Boedo, famoso por su esquina de San Juan y Boedo, hasta el elegante Barrio Parque, donde viven los "ricos y famosos", o el barrio de Belgrano, con elegantes residencias y modernas torres, la ciudad tiene tantas calles como personalidades. La inmigración fue la clave del desarrollo de Buenos Aires, por eso no es extraño encontrar apellidos árabes en Palermo, coreanos en Flores, peruanos en el Abasto, japoneses en Monserrat, chinos en el Bajo Belgrano y españoles e italianos en todas las esquinas.

Además se han formado varios distritos comerciales, donde se agrupan locales de determinados productos. Uno de los más convenientes es el **distrito de outlets,** sobre la Avenida Córdoba, desde la calle Lavalleja hasta la Avenida Juan B. Justo. No muy lejos está el **distrito del cuero**, en la Avenida Scalabrini Ortíz y Murillo. Más cerca del centro porteño está el barrio de **Once**, donde hay una amplia oferta mayorista de ropa, telas y juguetes. Otro distrito interesante se encuentra en la calle Libertad, entre Bartolomé Mitre y Avenida Corrientes. Aquí están los negocios de compra y venta de **oro, joyas y relojes.** En la calle Arenales, de Barrio Norte, se encuentra el **distrito de diseño,** con numerosos locales dedicados a vender muebles y objetos para el hogar.

Pasaje Lanín. *300 metros de arte en el corazón de Barracas.*

Barrio Parque. *El lugar elegido por los "ricos y famosos".*

Outlets de Av. Córdoba. *Más de un kilómetro de descuento.*

Las Cañitas. *Distrito gastronómico moderno y vital.*

Costanera Norte. *Muelle del Club de Pescadores.*

Once. *Un barrio con precios "al por mayor".*

Feria de Mataderos

Es el mejor lugar para palpar las raíces criollas sin salir de la **Capital Federal**. Todos los domingos, a pocos pasos del **Mercado de Hacienda de Liniers**, en el barrio de **Mataderos**, se realiza una feria tradicional con música, sabores y aromas del campo argentino. Los artesanos despliegan sus creaciones en cuero, plata, asta, madera y otros materiales autóctonos convertidos en cinturones, cuchillos, ponchos, mantas, anillos, pulseras y mates, entre otras artesanías. Al mediodía la cita obligada son los puestos de comidas regionales que atraen a los visitantes con sus aromas, se pueden comer empanadas, asado, humita, locro o el clásico choripán, entre otros platos característicos del campo, y acompañarlos por deliciosos postres, como pasteles de membrillo, alfajores de maicena o pasta frola.

Pasado el mediodía se realizan las competencias ecuestres, como la carrera de sortijas y la carrera de caballos. La tarde es el turno de los grupos folklóricos, que muestran toda su gracia y destreza con los ritmos tradicionales, encabezados por la "chacarera" y el "gato".

Antes de retirarse vale la pena visitar el **Museo de los Corrales**, con una interesante colección de objetos criollos. Se destacan cuadros de Florencio Molina Campos, un carro del siglo XIX y la réplica de una pulpería. En la esquina de Lisandro de la Torre y Av. de los Corrales descansa el **histórico Café Oviedo**, famoso por sus empanadas y platos típicos del interior de la Argentina.

Feria de Mataderos. *Un buen lugar para conseguir artesanías típicas del campo.*

Tradición. Los fines de semana las calles aledañas al Mercado de Mataderos se convierten en "peñas" al aire libre.

ESTO ES BUENOS AIRES CONTENIDO

	03	Buenos Aires en pocas palabras
	04	Historia
	05	Descripción
	06	Barrio de La Boca
	11	Boca Juniors vs. River Plate
	13	San Telmo
	16	Plaza Dorrego
	18	Puerto Madero
	27	Reserva Ecológica Costanera Sur
	28	Plaza de Mayo
	33	Catedral Metropolitana
	34	Iglesias históricas
	36	Túneles de la ciudad
	37	Cúpulas de Buenos Aires
	38	Avenida de Mayo
	41	Cafés de Buenos Aires
	42	Palacio del Congreso
	45	Barrio del Abasto
	46	Carlos Gardel
	48	Tango
	50	El Obelisco y la Avenida Corrientes
	52	Teatro Colón
	54	Graffitis porteños
	56	Calle Florida
	58	Plaza San Martín
	61	Museos de Buenos Aires
	62	Avenida Alvear
	64	Distrito Recoleta
	68	Cementerio de la Recoleta
	70	Mausoleo de Evita
	72	Avenida del Libertador
	75	Esculturas al aire libre
	76	Personajes de Buenos Aires
	79	Jardines en la ciudad
	80	Parque 3 de Febrero
	84	Exposición Rural
	86	Hipódromo de Palermo
	87	El mejor polo del mundo
	89	Palermo Viejo
	91	Los nuevos Palermos
	92	Barrios Porteños
	94	Feria de Mataderos